José de Anchieta
Seu perfil e sua vida

ROQUE SCHNEIDER, S.J.

JOSÉ DE ANCHIETA

SEU PERFIL
E
SUA VIDA

Edições Loyola

Edições Loyola
Rua 1822 nº 347 – Ipiranga
04216-000 São Paulo, SP
Caixa Postal 42.335
04299-970 São Paulo, SP
Fone (011) 6914-1922
Fax (011) 63-4275
Home page: www.ecof.org.br/loyola
e-mail: loyola@ibm.net

Todos os direitos reservados. Nenhuma parte desta obra pode ser reproduzida ou transmitida por qualquer forma e/ou quaisquer meios (eletrônico, ou mecânico, incluindo fotocópia e gravação) ou arquivada em qualquer sistema ou banco de dados sem permissão escrita da Editora.

ISBN: 85-15-**00940**-4

2ª edição: julho de 1997

© EDIÇÕES LOYOLA, São Paulo, Brasil, 1994

ÍNDICE

Bandeirantes do Evangelho 7

Os primeiros anos de Anchieta 9

Sua vocação missionária 11

Rumo ao Brasil 13

A fundação do colégio 17

Anchieta, a alma de Piratininga 19

Anchieta, o Pacificador 23

O refém de Iperoig 25

Novos empreendimentos 29

Finalmente padre 31

Na reta final 35

Oração ao Sagrado Coração de Jesus 40

44 Bem-aventurados 43

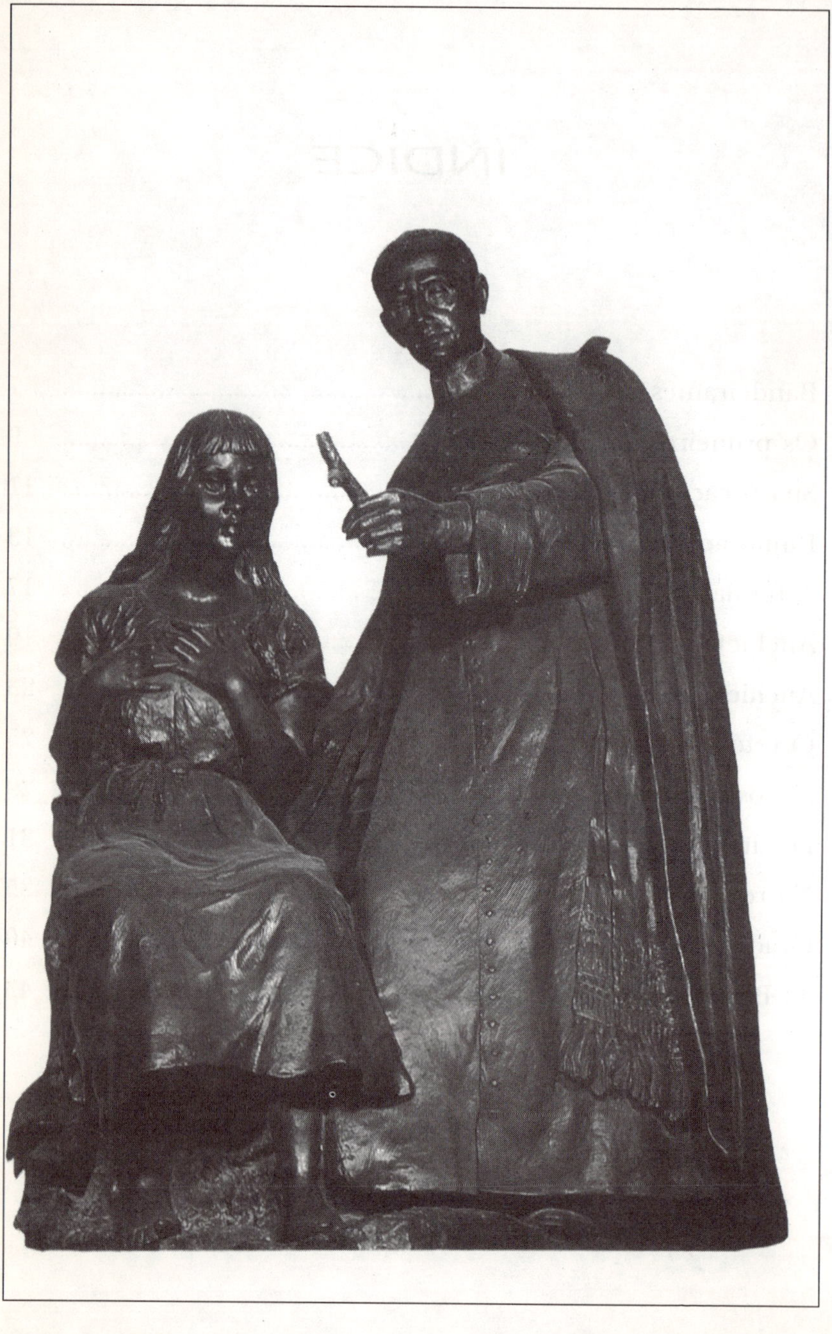

BANDEIRANTES DO EVANGELHO

> *"Nada turbava aquelas frontes calmas*
> *Nada curvava aquelas grandes almas,*
> *voltadas para a amplidão...*
> *No entanto, eles só tinham, na jornada,*
> *por couraça a sotaina esfarrapada*
> *e uma cruz por bordão."*

É uma estrofe de Castro Alves, que me retine aos ouvidos, desde longa data. Debruçando-me sobre a vida e a obra de José de Anchieta, os versos do poeta brasileiro me vêm à tona, com força vigorosa, sintetizando o que foi sua vida em terras do Brasil.

• A História do Brasil, em suas primeiras décadas, está intimamente vinculada à história de um punhado de jesuítas, que aportaram em nossas selvas, como missionários.

Anchieta, Nóbrega e companheiros pouca coisa traziam em sua bagagem. Alguma roupa e muito zelo apostólico. Alguns livros e muita fé, muito espírito de renúncia e sacrifício. Algumas noções geográficas de um país nascente e muita confiança em Deus. Homens generosos, de alma ancorada num grande ideal. Pioneiros. Desbravadores.

• Palmilhando a Terra de Santa Cruz, de norte a sul, empenhados em construir um Brasil civilizado, fraterno e cristão, plantaram choças que depois se fizeram cidades. Eles acreditaram. E venceram. E até hoje o Brasil agradece o trabalho pioneiro daqueles abnegados e humildes jesuítas construtores da nossa querida nação.

> *"Eles só tinham, na jornada,*
> *por couraça uma sotaina esfarrapada*
> *e uma cruz por bordão."*

• Séculos passaram... E no alvorecer de 1980, fortes rumores começaram a circular, veiculados pela imprensa: a beatificação de José de Anchieta será para breve, segundo notícias vindas de Roma, do Vaticano.

• Em abril, a confirmação auspiciosa, oficial: Padre José de Anchieta, o conhecido e celebrado "Apóstolo do Brasil", seria beatificado, em Roma, dia 22 de junho de 1980.

OS PRIMEIROS ANOS DE ANCHIETA

São Cristóvão da Laguna, na Ilha de Tenerife, a terra natal de José de Anchieta. Tenerife, "a montanha branca, o país dos perfumes, região feita para desterrar a melancolia e restaurar a paz em espíritos dolorosamente conturbados... Ilha querida, mimo do largo mar, cesta de flores, esquecida na rota dos Fenícios"... Tenerife, a maior das Ilhas Canárias.

• Data do seu nascimento: 19 de março de 1534.

• Seus pais: João Lopes de Anchieta e dona Mência Dias de Clavijo y Lharena. José era o terceiro, entre doze irmãos. Cristóvão, o caçula da família, também ordenou-se sacerdote.

• José de Anchieta realizou seus primeiros estudos na terra natal, São Cristóvão da Laguna, provavelmente nas escolas dos padres dominicanos, não longe da casa paterna.

Aos 14 anos, em 1548, em companhia de seu irmão mais velho, foi enviado a matricular-se no Colégio das Artes, anexo à Universidade de Coimbra. Colégio então organizado por Dom João III, com excelente corpo de professores.

* Aplicado, estudioso, José destacou-se, de imediato, como um dos melhores alunos de sua classe. Cedo revelou fortes pendores poéticos. Compunha versos latinos com extrema facilidade. Literato e poeta inspirado, os colegas passaram a chamá-lo de "Canário de Coimbra", apelido também alusivo à sua pátria. José sorria, humilde, agradecido.

* Em Coimbra, tomou conhecimento da nova ordem religiosa, recentemente fundada por seu parente Inácio de Loyola. No Colégio das Artes, que freqüentava, conviveu com estudantes jesuítas. Soube dos trabalhos apostólicos deste extraordinário e incansável missionário, Francisco Xavier, no Extremo Oriente.

* De casa trazia uma sólida formação religiosa, cristã... O convívio com os estudantes jesuítas... Apelos do Alto e um forte anseio de conferir um significado profundo à sua vida... o gérmen da vocação. José empolgou-se com os ideais missionários da Companhia de Jesus, em cujas fileiras ingressou, dia 1º de maio de 1551.

Casa onde nasceu Anchieta, em São Cristóvão da Laguna, na ilha de Tenerife, nas Canárias... em 19 de março de 1534.

SUA VOCAÇÃO MISSIONÁRIA

Já como noviço jesuíta, José continuou seus estudos, no Colégio das Artes, cursando agora Filosofia.

• Durante os estudos de Filosofia, contraiu pertinaz enfermidade que lhe deixou marcas pelo resto da vida. Passou a sofrer da coluna. Sentia dificuldades para andar. Seus ombros arquearam. Procurou aceitar o fato, com resignação. Até gracejava, por vezes, dos seus ombros "um tanto corcundas"...

• Ainda naquele mesmo ano, 1551, sua enfermidade se agravou. Fraco e debilitado, teve de recolher-se à enfermaria da casa, interrompendo inclusive os estudos. As dores cresciam. Quando se punha de pé ou andava pela enfermaria, pelos corredores, agarrava-se às paredes, vacilante, fraco, quase se arrastando.

• Foi uma fase de intenso sofrimento físico e psicológico na vida do jovem estudante. Um pesadelo plantou-se na alma de Anchieta: temeu seriamente por seu ideal, receoso de ser despedido da vida religiosa por invalidez ou incapacidade.

Padre Miguel Torres, seu superior, percebeu o drama íntimo de José. Tentou confortá-lo:.

— Meu filho, deixe de lado essa preocupação, porque Deus não o quer com melhor saúde.

• Dentro da precariedade da medicina de então, os médicos tudo fizeram para restituir-lhe a saúde abalada. Esforços baldados. Sugeriram então ao Padre Miguel Torres:

— Os ares do Brasil, segundo nos consta, são ótimos. Seu clima recuperará a saúde de Anchieta...

— Mas o Brasil é tão longínquo e desconhecido — ponderou o Padre Miguel, pensativo. Não sei se é prudente mandar nosso estudante para tão longe, nas condições em que se encontra...

Perante a opção, Anchieta não teve dúvidas. Aceitou, com alegria e gratidão. Emocionado e feliz, abraçou seu superior:

— Obrigado, Padre Miguel. É um presente maravilhoso que Deus me concede.

Estado atual da casa onde nasceu Anchieta, em São Cristóvão da Laguna, na ilha de Tenerife, arquipélago das Canárias.

RUMO AO BRASIL

Dia 8 de maio de 1553, partiu do Tejo, em Lisboa, a caravana que trouxe ao Brasil o segundo governador-geral, Duarte da Costa. Na comitiva, chefiada pelo Padre Luís da Grã, mais outros seis jesuítas, dois padres e quatro noviços. Um deles, o Irmão José de Anchieta.

Foi uma travessia terapêutica, salutar. Desde a hora do embarque, Anchieta sentiu-se bem melhor de saúde, disposto e animado. Viagem longa, com muitos perigos e mil desafios. Precários e frágeis, os barcos a vela de então. Viagem longa, mas sem registrar problemas maiores a bordo. Humilde e prestativo, Anchieta ajudava na copa e cozinha, o tempo todo.

• Viagem longa, monótona e lenta. Anchieta talvez fixasse o céu estrelado, noite adentro, recitando versos latinos, rezando:

— Senhor, que meu coração seja grande de zelo missionário. Grande, como estas vagas revoltas que balançam o nosso barco. Maria Santíssima, Estrela da Manhã, abençoa o apostolado que vou fazer, a vida nova que levarei. Dá-me saúde e forças, Senhor, para levar bem longe e para dentro de muitos corações a tua mensagem, o teu Evangelho de paz, de justiça, de esperança e fraternidade...

Dia 13 de julho de 1553, Duarte da Costa e sua armada, José de Anchieta e demais jesuítas desembarcavam felizes, agradecidos, na cidade de Salvador, a capital do Brasil.

• Padre Manoel da Nóbrega, com mais quatro outros jesuítas, já estava aqui no Brasil, há quatro anos. Aportara em terras brasileiras, juntamente com Tomé de Souza, primeiro governador-geral, trazendo atribuições especiais do superior-geral da Ordem, Inácio de Loyola.

• Outros jesuítas vieram juntar-se a eles, em 1550: os Padres Manuel de Paiva, Afonso Braz, Salvador Rodrigues e Francisco Pires.

Nestes quatro anos de Brasil, Nóbrega e companheiros desenvolveram intenso trabalho missionário, marcado pelo sacrifício, pela renúncia e pela humildade. Agora vinham novos reforços...

• Na Bahia de São Salvador, onde permaneceu quase três meses, Anchieta iniciou seus primeiros ensaios de catequese. Lançou-se, de imediato, a estudar a "língua geral", o idioma falado pelos índios tupis que residiam por toda a costa do Brasil, de norte a sul. Anchieta sabia: para comunicar-se era mister aprender a língua dos indígenas.

• Enfronhado em seus estudos lingüísticos, a surpresa, um dia: enviado especialmente pelo Padre Nóbrega, apareceu na Bahia o Padre Leonardo Nunes. Sua missão: levar Anchieta e companheiros para o planalto da Capitania de São Vicente... onde hoje se agiganta a cidade de São Paulo.

• Anchieta já se afeiçoara ao povo e aos trabalhos diversos, em Salvador. Mas a obediência o chamava. Conduzidos pelo Padre Leonardo Nunes, Anchieta e demais missionários iniciaram a viagem em princípios de outubro de 1553. Foi uma travessia difícil, tormentosa. Quase naufragando, conseguiram conduzir a embarcação fortemente avariada até Caravelas. Reparados os estragos, continuaram a viagem até Vitória, hoje capital do Espírito Santo.

• Dia 24 de dezembro de 1553, véspera do Natal, os missionários aportaram em São Vicente. O Provincial, Padre Manoel da Nóbrega, acolheu-os, jubiloso, de braços abertos.

• Nóbrega e Anchieta se conheciam, desde os tempos de Coimbra, em Portugal. Podemos imaginar a satisfação de ambos ao se reencontrarem, na vastidão daquelas terras emolduradas pelas florestas do Novo Mundo...

A FUNDAÇÃO DO COLÉGIO

No planalto da Capitania de São Vicente, havia duas povoações, naquela época: a vila de Santo André da Borda do Campo, onde pontificava o famoso João Ramalho, e a aldeia de Piratininga.

- Padre Nóbrega, Provincial dos jesuítas no Brasil, era um homem de grande visão e perspicácia. Sentiu a necessidade de se fundar um Colégio em São Vicente. Colégio que seria uma extensão à catequese dos silvícolas e um forte impulso para a conversão do gentio.

- A Capitania de São Vicente abria campo de trabalho e sólidas perspectivas de evangelização... A decisão estava tomada. Um Colégio seria fundado, quanto antes. Mas onde localizá-lo, sertão adentro, como melhor ponto estratégico? E lá se foram os missionários, serra acima, para definir o melhor lugar da projetada fundação.

Esquadrinharam bem a vila de Santo André da Borda do Campo, povoação que João Ramalho iniciara um ano antes, em 1553, às margens do Guapituba. Analisaram os prós e contras da aldeia de Piratininga.

No fim, tudo somado, a preferência dos missionários recaiu sobre uma imponente colina, entre o Rio Tamanduateí e o Riacho Anhangabaú, local onde Nóbrega já estivera anteriormente.

• Foi uma escolha pensada, medida, consciente. O Colégio ficaria a três léguas da vila de João Ramalho e a meia légua de Piratininga. Os jesuítas poderiam trabalhar mais livremente e os índios estariam menos próximos das influências negativas dos habitantes das duas aldeias. Quem quisesse viver nas proximidades do Colégio deveria aceitar as regras do jogo: um padrão de trabalho, disciplina, conduta e religiosidade do povoado nascente.

• Ato inaugural, a celebração eucarística presidida pelo Pe. Manuel de Paiva, tendo como acólitos os irmãos Anchieta e Diogo Jácome. O Colégio estava festivamente inaugurado... naquela humilde e frágil palhoça. Era o dia 25 de janeiro de 1554.

O grão de mostarda fora lançado. E a pequena semente cresceu, desenvolveu-se e lançou ramos para transformar-se em frondosa árvore.

Era o dia em que a Igreja comemorava a festa da conversão do apóstolo São Paulo. Por este motivo, o Colégio recebeu o nome de São Paulo. Nome que, mais tarde, seria aplicado a toda a Capitania.

Modesta palhoça, no alto de uma colina, nos campos abertos de Piratininga, o berço humilde de toda uma civilização futura.

Numa altaneira colina de Piratininga, as raízes longínquas da grande cidade de São Paulo de hoje, essa metrópole dinâmica e contrastante, com quase dez milhões de habitantes. O Estado mais populoso da nação. A "paulicéia desvairada", segundo um célebre poeta brasileiro. A decantada "locomotiva" do país... como preferem os paulistas e paulistanos.

ANCHIETA, A ALMA DE PIRATININGA

Foram penosos para Anchieta e seus companheiros os primeiros tempos no Colégio de Piratininga. A falta de recursos era quase total, naquele lugar tão distante, perdido no imenso planalto. As penúrias eram muitas, os percalços sem conta.

• Tamanho do Colégio? Catorze passos de comprimento e dez de largura, enfeixando a escola, o refeitório, a cozinha, a despensa, a enfermaria e o dormitório. E mais de vinte moradores apinhando-se lá dentro, usualmente: os noviços da Companhia de Jesus, diversos catecúmenos e alguns filhos dos colonos. A estes se juntaram gradativamente mais filhos dos gentios, que residiam nos arredores.

• As bênçãos de Deus, sob o patrocínio de São Paulo, fertilizavam o labor missionário. As casas foram aparecendo, a população crescia e o Colégio espraiava seus raios de influência.

• Anchieta apóstolo, catequista e professor. O primeiro professor de latim do Colégio de São Paulo. Rapidamente aprendeu a língua dos nativos, alfabetizando os indiozinhos, os "curumins". Embora franzino, levemente corcunda, doentio, a sua sede de catequizar crianças e adultos não conhecia limites. Zeloso e perseverante, não se esquivava a nenhum esforço, cansaço ou desafio.

• Foi compreendendo os indígenas e estes passaram a admirá-lo, com veneração e amor crescentes. Chamavam-no de *Paye-guassu* — o "Grande Pajé". Quando da Europa vinham pressões para que os missionários habituassem os nativos ao teatro, em latim, que tanto êxito pedagógico alcançava nos colégios de lá, Anchieta insistia em escrever e apresentar peças teatrais em língua tupi ou em português, de versos simples e acessíveis para os colonos portugueses de pouca cultura.

Deixava o latim para obras mais pessoais: um poema épico, em louvor ao governador Mem de Sá, notável administrador da jovem colônia. Foi em latim que o vate canarino compôs o seu famoso "Poema da Virgem", quando refém dos tamoios de Iperoig. Sua obra completa em latim soma cerca de dez mil versos.

• O número de alunos crescia. A choupana do Colégio se tornara pequena. E as aulas passaram a ser ministradas ao ar livre, lá fora, à sombra das árvores. Criativo, Anchieta engenhava historietas de fácil captação para crianças e adultos, contando parábolas e narrando trechos da vida de Jesus. Organizava festas, que o povo adorava. Compunha versos, músicas, peças teatrais. E pelos campos legendários de Piratininga reboavam cânticos religiosos, versos em língua nativa, compostos por Anchieta, entoados pelo povo.

• Era uma bela comunidade em marcha, confraternizando na fé, sorrindo gratidão ao incansável mestre e apóstolo. Faltavam livros? Nas caladas da noite, Anchieta enchia cadernos e mais cadernos, em português e tupi. E tirava cópias das lições ditadas, quantas fossem necessárias para distribuir aos alunos. Foram talvez as primeiras apostilas, escritas à mão, que circularam no Brasil...

• Polivalentes, aqueles missionários. Além das matérias escolares, ensinavam também os mais diversos ofícios, marcenaria, carpintaria, e a lidar com a lavoura e a criação. Não refugavam trabalho braçal nenhum.

• E terminada a labuta do dia, altas horas da madrugada, à luz de um pobre candeeiro, Anchieta velava ainda, compondo e preparando as lições escolares do outro dia. Preparando os textos, as rezas e os hinos religiosos para as celebrações eucarísticas e as procissões... E como não era padre ainda, Anchieta se debruçava sobre os livros de Filosofia e Teologia, nas horas vagas, para chegar, a seu tempo, ao Sacerdócio tão almejado.

• Anchieta literato e poeta, nosso primeiro "tupinólogo": escreveu uma gramática em vocabulário tupi e mais outros pequenos trabalhos, que muito ajudaram os demais missionários na lide com os indígenas da costa brasileira.

• Anchieta, o mestre, carpinteiro, horticultor, enfermeiro, músico, ferreiro, catequista, conselheiro espiritual, pai dos aflitos e enfermos, cozinheiro, artista, construtor de casas e capelas, estradeiro, irmão jesuíta, missionário. Anchieta, polivalente. Anchieta, o incansável. A alma do Colégio, daquela próspera pequena comunidade. A alma de Piratininga, a grande metrópole paulista dos nossos dias.

Maquete da povoação de São Paulo
Modesta palhoça... o berço humilde de toda uma civilização. A cidade de São Paulo nasceu numa altaneira colina de Piratininga, quatro séculos atrás.

ANCHIETA O PACIFICADOR

A povoação de São Paulo, liderada pelos missionários, crescia a olhos vistos. Os índios da redondeza sentiam-se atraídos a fixar residência nas proximidades do Colégio. Em poucos meses, uma pitoresca e movimentada povoação, com ruas e praças, alteou-se junto ao Colégio.

• Mas os perigos rondavam também. Algumas tribos selvagens e os mamelucos (filhos de índios e portugueses) da vila de Santo André e adjacências não viam com bons olhos a prosperidade e o dinamismo da nova povoação. A vila de João Ramalho declinava. Invejosos, ciumentos, seus moradores multiplicavam ameaças contra a população que os missionários organizavam.

• Hábeis e perspicazes, os jesuítas empenharam-se em garantir a segurança dos seus pupilos, confiando aos próprios índios a defesa do lugar.

• Tibiriçá, valoroso e nobre cacique guaianá, residia, com sua tribo, nas imediações. O olho clínico do Nóbrega estrategista percebeu o tesouro... Conversou com o grande cacique. E Tibiriçá acedeu, com satisfação, transferindo toda a sua aldeia da margem do Tietê para o pontal fechado pela confluência do Anhangabaú e Tamanduateí. Por aqueles lados... não entraria inimigo nenhum! Tibiriçá, o valente, amava os "vestes negras"... e não brincava em serviço!

Convertido, juntamente com outro chefe de nome Caiubi, veio a tornar-se o mais forte baluarte de defesa para a nascente povoação dos jesuítas.

Alguns chefes de tribos amigas foram nomeados *capitães de vigia*. Gloriosos com o encargo e o voto de confiança, distribuíram-se em locais estratégicos para anular qualquer ataque inimigo de surpresa. Centenas de novos moradores, provindos do sertão, aceitaram residir a certa distância do Colégio, formando assim uma linha de defesa. Estas e outras medidas de segurança salvaram a povoação de São Paulo da destruição.

Padre Manoel da Nóbrega — Provincial da Companhia de Jesus. Trabalho em bronze do escultor José de Melo Pimenta, membro do Instituto Histórico e Geográfico de São Paulo.

O REFÉM DE IPEROIG

A pacificação dos índios Tamoios é um dos episódios mais conhecidos na vida de Anchieta. E dos mais importantes também.

• Mem de Sá, terceiro governador-geral do Brasil, com reforços recebidos de São Vicente, desbaratara os franceses invasores do Brasil, tomando-lhes o forte da ilha de Villegaignon, no Rio de Janeiro. Derrotados, os franceses não deixaram o Brasil. Expulsos da Guanabara, adentram as florestas, insinuando-se entre os índios tamoios.

• A Confederação dos Tamoios, sediada no litoral norte, era explosiva, forte e belicosa, cheia de ódio mortal contra os brancos colonizadores. Traiçoeiros e aguerridos, os tamoios confederados representavam um risco constante à existência da colônia portuguesa no Brasil. Hábeis, os franceses conseguiram sublevar as diversas tribos da nação tamoio contra os colonizadores, realizando com elas uma vigorosa aliança.

• E a luta explodiu violenta, em meados de 1562. Os tamoios avançaram com fúria e selvageria, atacando ora uma aldeia, ora outra, especialmente as situadas à beira-mar.

Os habitantes de Santo André, sempre refratários à catequese missionária, aproveitaram a maré conflituada. Chefiados por Araraí e auxiliados pelos tamoios, investem contra Piratininga, em 10 de julho de 1562. O cerco durou dois dias. A resistência, capitaneada por Tibiriçá e exortada pelos missionários, foi algo de magnífico, heróico e comovente.

O povoado de São Paulo resistiu incólume e o inimigo foi rechaçado.

"Foram os jesuítas que salvaram Piratininga" — escreve insuspeito historiador protestante, Roberto Southey, em seu livro *"História do Brasil"*.

• A tempestade, porém, amainou apenas temporariamente. Ao norte, a Confederação dos Tamoios prosseguia saqueando, atacando fazendas, aldeias, lavouras e criações de gado. Por onde passavam, ruínas e cinzas deixavam. Caoquira, Jaguanharó e Cunhambebe, os terríveis e sanguinários chefes Tamoios, rugiam ódio e vingança. Despeitados, feridos, não haviam esquecido ainda sua derrota humilhante nos campos e no planalto de Piratininga.

• A situação era tensa, pesada, sombria. Nóbrega e Anchieta rezavam, sofriam, pedindo inspiração do Alto e buscando uma saída. Num rasgo de temeridade e desassombro, ambos resolveram arriscar a própria vida, na tentativa de encontrar a paz.

Desarmados, enfrentariam os belicosos e temidos morubixabas da Confederação dos Tamoios. Humanamente, tudo indicava que a missão fracassaria. Mas eles confiavam em Deus.

• Em maio de 1564, ei-los singrando rumo a Iperoig (hoje Ubatuba), em sua arriscada missão de paz. Foram de barco, partindo de Bertioga, proximidades de São Vicente, onde se achavam. De Bertioga a Iperoig, quartel-general dos tamoios, a distância era de 26 léguas. A viagem, acidentada e difícil, demorou treze dias.

• Ao atracarem na costa de Iperoig, "o mar coalhou-se de canoas". Os tamoios acorreram para atacar o barco. Ao verem os dois jesuítas... depuseram suas armas acolhendo-os amistosamente.

Quase milagre: o primeiro *round* estava ganho. Os índios depositaram confiança na missão de paz de Nóbrega e Anchieta. Com grande paciência, oração e humildade, os dois missionários procuraram persuadir os tamoios a desistir da guerra. Os chefes pedem algumas condições que deverão ser comunicadas aos portugueses. O Padre Nóbrega prontifica-se a ir a São Vicente, com o encargo de dialogar com os portugueses.

O atual Pátio do Colégio, em São Paulo, casa residencial e igreja dos padres jesuítas... largo onde outrora se erguia o Colégio de Piratininga, primeiro Colégio do Brasil, início da moderna capital paulista.

- Os índios aceitaram, com uma condição: Anchieta permaneceria em Iperoig, como refém. O missionário aceitou. Acompanhado de alguns indígenas, Nóbrega partiu e Anchieta ficou.

- Pessoas inteligentes, profundas, criativas, sabem preencher seu tempo. Um prisioneiro tem tempo... os longos meses de refém, entre os tamoios, acionaram o talento poético do vate canarino. Seu famoso *Poema da Virgem*, com 5.732 versos latinos, foi composto neste período.

- É lendário ter José de Anchieta escrito todo o poema nas praias de Iperoig, riscando quase seis mil versos latinos na areia, com um tosco bordão, um bando de aves revoando à sua volta, constantemente.

O mar inspira. O mar areja. Andando pela praia, o missionário compunha seus versos e os decorava. Alguns, possivelmente mais trabalhados e marcantes, ele os traçou na areia, logo apagados pelo vento e pelas ondas do mar... O resto é lenda.

- O *Poema da Virgem*: talvez o poema latino mais longo de toda a literatura mundial. Um comovente gesto de amor filial, uma espontânea declaração de carinho à Virgem Maria, Mãe de Deus e Mãe dos homens. Poema depois retocado e concluído, no Colégio em São Vicente.

- Os dias rolavam. Anchieta refém entre os inquietos tamoios. Finalmente regressa a comitiva que acompanhara o Padre Manoel da Nóbrega até São Vicente. Voltaram, portadores da boa notícia: os portugueses haviam concordado com as propostas dos tamoios. A paz foi selada.

- Anchieta deixa Ubatuba e retorna ao Colégio de São Paulo. Grande multidão de tamoios apaziguados acompanha-o até o local do embarque. Sentem perder a presença de quem tanto os impressionara com sua amabilidade serena, conquistando-lhes o coração.

- Anchieta parte, com duas saudades a bordo: dos tamoios aos quais se afeiçoara, não obstante as dificuldades da sua espinhosa missão... e a saudade dos seus irmãos jesuítas e do querido povo de Piratininga que ardentemente desejava abraçar e rever. Os "santos" têm coração também!

NOVOS EMPREENDIMENTOS

O povoado de Piratininga, junto ao Colégio de São Paulo, crescia. Já retornado ao Colégio, Anchieta lidera os tupiniquins na abertura de uma nova trilha de acesso entre o litoral e o planalto, mais afastada dos ataques dos tamoios. O poeta e gramático tinha olhar de engenheiro rodoviário: abriu o Caminho do Mar, que foi a estrada entre São Paulo, Santos e São Vicente... até a época em que se construiu a moderna Via Anchieta.

- Em 1565 Anchieta é enviado de São Vicente ao Rio de Janeiro, para lá prestar diversos serviços. Detalhe importante, significativo: Anchieta estava presente quando Estácio de Sá fundou a cidade do Rio de Janeiro, em princípios de março de 1565. Posteriormente, Anchieta lidera a construção de um Colégio e da Casa de Misericórdia, o primeiro hospital da cidade, onde hoje se ergue a Santa Casa de Misericórdia, do Rio de Janeiro.

- Os franceses continuavam incomodando. Anteriormente expulsos, retornaram à Guanabara, mais fortes que antes. Estácio de Sá, sobrinho do governardor-geral, decide expulsá-los definitivamente do Brasil. Mas faltava-lhe tropas e forças para isso. Era preciso enviar alguém à Bahia, com a incumbência de narrar a situação ao governador-geral, pedindo reforços.

Padre Nóbrega foi consultado por Estácio de Sá. E Nóbrega nomeou José de Anchieta para esta nova missão.

FINALMENTE PADRE

Anchieta acedeu com entusiasmo. Na capital da colônia, faria sua preparação para finalmente ordenar-se sacerdote.

A viagem foi longa, penosa e cheia de riscos. Ao aportar em Vitória, hoje capital do Espírito Santo, demorou-se um tempo por lá, visitando algumas aldeias de índios e buscando juntar auxílios para a expulsão dos franceses, no Rio de Janeiro.

- Seis meses depois de deixar a Guanabara, Anchieta desembarcou na Bahia, em meados de 1565. Fez seu relato ao governador, detalhando como se encontrava a situação política no Rio de Janeiro.

E lançou-se ao estudo, com dedicação. Em três semestres, conseguiu concluir sua Teologia. E o seu grande sonho se concretizou: Dom Pedro Leitão, segundo Bispo do Brasil, antigo colega seu, em Coimbra, ordenou-o sacerdote, com íntimo orgulho e indisfarçável júbilo. Dom Pedro Leitão o admirava muitíssimo a ponto de considerá-lo e proclamá-lo como o melhor missionário jesuíta, nestas terras.

- De volta ao Rio de Janeiro, Anchieta assistiu aos combates finais contra os franceses. Mem de Sá, com os reforços enviados de Portugal, investiu contra os invasores. Em 20 de janeiro de 1567, os franceses foram desbaratados e definitivamente expulsos do Brasil.

Anchieta teve uma colaboração notável na vitória, pois conseguira reunir um grande número de nativos que se aliaram aos soldados vitoriosos do governador.

• No saldo da vitória, uma nota dolorosa: Estácio de Sá, fundador do Rio de Janeiro, é atingido mortalmente no rosto por uma flecha ervada. Após um mês de profundos sofrimentos, vem a falecer, assistido paternalmente por Anchieta, já sacerdote.

Na pessoa de Estácio de Sá, o Brasil acabara de perder um grande soldado e construtor da nossa civilização.

• Missão cumprida, Anchieta volta a São Vicente, exercendo por seis anos a reitoria do Colégio São Paulo. Dinâmico e afável, atende São Vicente, Santos, Itanhaém. Administra e dirige o Colégio. E ainda encontra tempo para trabalhar no dicionário e na gramática dos "tapuias" Maromimis.

• Não cursara antropologia universitária. Mas era um fino psicólogo, inteligente e observador, dono de um admirável bom senso. Um homem sábio e santo. Soube aproximar-se da alma, do coração e do espírito dos nativos. Embora influenciado por Gil Vicente, o "dono" do teatro português de então, de estilo clássico, Anchieta imprimia um toque bem popular a seus versos, cantigas e peças teatrais, em língua portuguesa, buscando inspiração nos cantos, rituais e danças dos próprios indígenas. Satírico e hilariante, quando atacava os escândalos e a má conduta dos colonizadores. Suave e reverente, nos seus "Autos Sagrados". Lírico, fluente e simples, em todas as suas produções poéticas. Os críticos literários consideram--no, com justiça, o fundador do teatro no Brasil. Mais ainda: o fundador da literatura colonial brasileira. Honra ao mérito!

Dele nos restam doze peças teatrais. Foi ele também que redigiu a primeira *História dos Jesuítas do Brasil*. Um preito de carinho fraterno a todos os seus colegas missionários.

- Era um cristão pacífico, magnânimo, honesto, serviçal e bom. Afável, dedicado e carinhoso, utilizando inclusive uma série de ervas medicinais dos pajés-feiticeiros, Anchieta foi mil vezes enfermeiro e médico. Colonos e nativos acreditavam que ele fazia milagres. Seu maior milagre, sem dúvida, foi a vivência de uma caridade heróica e paciente para com tantos indivíduos difíceis que encontrou em seus caminhos: aventureiros, perturbadores, desonestos e muitas vezes opressores dos indígenas. Na sua invulgar sensibilidade e justiça para com o próximo, Anchieta defendia seus amigos com amor e destemor.

NA RETA FINAL

Anchieta, o incansável e onipresente. De 1568 a 1577, encontramo-lo em São Vicente, percorrendo toda a região da Capitania: Santos, Itanhaém, São Paulo. Anda de taba em taba, de palhoça em palhoça, de aldeia em aldeia, catequizando, instruindo, orientando, servindo, civilizando. Inverno, chuvas, cansaço, caminhos ásperos, rios a transpor, floresta intrincada... nada o detém. Um quase milagre de resistência física para quem viera ao Brasil em busca de saúde.

• Dia 18 de outubro de 1570, uma infausta notícia abalou o Rio de Janeiro e toda a colônia: a morte de Padre Manoel da Nóbrega. Anchieta foi um dos missionários que mais sentiram a perda dolorosa do amigo e colega de Ordem.

• Ambos se completavam admiravelmente, no labor evangélico de alegrias e desafios constantes. Uma dupla preciosa, eternamente memorável nos anais do Brasil colônia. Exaltar Anchieta, esquecendo Nóbrega, é quase injustiça. Tecer o panegírico de Manoel da Nóbrega, desvinculado de José de Anchieta, é colocar ambos fora do esquadro. Eles formaram, com perdão da gíria esportiva, uma "tabelinha" fraterna de entreajuda e serviço, no vasto campo da ação e vida religiosa.

- Anchieta e Nóbrega provaram que a união faz a força, que o coleguismo opera milagres. O mesmo ideal os unia e incentivava. Dois gigantes da fé, postos providencialmente por Deus na mesma seara apostólica, na mesma arena de lutas, canseiras e benemerências.

> *"E eles só tinham, na jornada,*
> *por couraça a sotaina esfarrapada*
> *e uma cruz por bordão..."*

- Nóbrega partiu para a casa do Pai. Anchieta ficou. E tudo fez para levar adiante a herança sagrada que seu colega deixou, em terras de Santa Cruz...
- De 1577 a 1587, foi Superior dos jesuítas no Brasil: Provincial. Desloca-se de cá para lá, ao longo da costa, valendo-se assiduamente do pequeno navio "Santa Úrsula", na visita às casas da Ordem, de Pernambuco a São Vicente. Dizem ter sido ele um excelente navegador. Dois braços fortes no remo, rio acima, rio abaixo.
- Como Provincial, incentiva o ensino, as escolas, a catequese dos meninos. Promove as letras e os colégios secundários. Estimula os Estudos Superiores da Bahia e do Rio, buscando solenizar ao máximo os atos acadêmicos, copiando de leve o estilo europeu.
- De 1588 a 1597, desdobra-se como Superior dos jesuítas, em Vitória, no Espírito Santo, e como visitador nas casas religiosas do Rio e São Vicente. Suas forças começavam a declinar. Suplicou ao Provincial que o poupasse um pouco, a essa altura dos acontecimentos...
- Seus últimos anos foram passados em Reritiba, no Espírito Santo, hoje uma bela cidade de nome Anchieta, ao sul de Guarapari. Seu sonho era o martírio... Deus não lhe concedeu esta graça. Já muito doente e alquebrado, queria ao menos morrer entre seus queridos indígenas de Reritiba, comunidade que ele tanto apreciava.
- E foi ali, em Reritiba, que o Padre José de Anchieta faleceu, em 9 de junho de 1597, com 63 anos de vida, 44 dos quais passados aqui no Brasil, para onde ele viera, ainda jovem, em busca de

saúde. Foram 44 anos vividos intensamente, sem férias nem descanso. Tudo para o bem das almas e a Maior Glória de Deus, segundo o lema de Santo Inácio de Loyola.

• A morte do grande missionário foi pranteada por todos. Um numeroso cortejo fúnebre, reunindo praticamente todos os índios e moradores da região, conduziu seu corpo, em procissão, até a vila de Vitória. E ali foi sepultado. E todos passaram a chamá-lo como santo, atribuindo-lhe milagres, curas do corpo, curas da alma...

• Seu corpo foi enterrado na igreja de São Tiago, anexa ao Colégio da Companhia de Jesus.

Sepultamento de Anchieta
Toda a comunidade de Reritiba e Vitória prestou-lhe a última homenagem, visivelmente abalada com a perda do grande Amigo, Conselheiro e Pai espiritual.
Um benfeitor a menos, na terra. Um protetor a mais, na eternidade.

No quarto onde morreu, na hoje cidade de Anchieta, existe a seguinte inscrição: "Aqui entregou sua alma a Deus o Apóstolo do Brasil".

• Em 1609, os ossos de Anchieta foram transladados para a igreja do Colégio da Bahia, por ordem do Rev. Padre-Geral Cláudio Acquaviva.

• No ano de 1617, com o pedido feito pelos jesuítas do Brasil, foram iniciados os processos de beatificação e canonização do "Servo de Deus José de Anchieta", sacerdote professo da Companhia de Jesus.

• Em 1730, os escritos de Anchieta são remetidos a Roma para serem examinados. Entre eles, o *Livro de Poesias Líricas e Dramáticas*.

• No dia 10 de agosto de 1736, o Papa Clemente XII declarou Padre Anchieta "Venerável", por "constar" que suas virtudes foram exercidas "em grau heroíco".

• Em 1760, quatro ossos de Anchieta são remetidos ao Marquês de Pombal, em Lisboa.

• Em 1773, com a supressão da Ordem dos Jesuítas, por ordem do Papa Clemente XIV, foram também suspensos os processos de beatificação e canonização dos jesuítas, falecidos em conceito de santidade.

• Os séculos rolaram. A Companhia de Jesus foi expulsa do Brasil, extinta no mundo, exceto na Rússia. Ressurgiu no serviço da Igreja e seus Padres e Irmãos retornaram. Retornaram e estão... no Brasil e no mundo. Nas universidades, nos colégios, escolas, paróquias, favelas e bairros, nos hospitais, nos meios de comunicação social, em toda parte. Buscando viver um pouco daquele legado que Anchieta lhes deixou. Buscando ser Igreja. Com o povo de Deus, no meio do povo de Deus.

• Dia 22 de junho de 1980, tantos séculos depois, João Paulo II confirmou o que o povo de Deus já dizia: José de Anchieta viveu e morreu como um cristão exemplar, um santo. Fiel nas pequenas coisas. Um coração magnânimo e generoso totalmente voltado para o bem. Ninguém tem maior amor do que aquele que doa sua vida pelos irmãos...

José de Anchieta seguiu o apelo de Cristo. E o Pai o glorificou.

E hoje podemos chamá-lo de *Bem-aventurado* e contar com sua intercessão em nossa caminhada pelo tempo, a caminho da eternidade.

"Bem-aventurado Padre José de Anchieta, rogai por nós".

ORAÇÃO AO SAGRADO CORAÇÃO DE JESUS

Feita pelo Pe. Anchieta

Chaga santa, eis te abriu mais que o ferro da lança, o amor
de nosso amor, que amou sem temperança!

Ó rio, que confluis das nascentes do Éden,
todo se embebe o chão das águas que retém!

Ó caminho real, áurea porta da altura!
Torre de fortaleza, abrigo da alma pura!

Ó rosa a trescalar santo odor que embriaga!
Jóia com que no céu o pobre um trono paga!

Doce ninho no qual pombas põem seus ovinhos
e casta rola nutre os tenros filhotinhos!

Ó chaga que és rubi de ornamento e esplendor,
cravas os peitos bons de divinal amor!

Ó ferida a ferir corações de imprevisto,
abres estrada larga ao coração de Cristo!

Prova do estranho amor, que nos força à unidade!
Porto a que se recolhe a barca em tempestade!

Refugiam-se a ti os que o mau pisa e afronta:
mas tu a todo o mal és medicina pronta!

Quem se verga em tristeza, em consolo se alarga:
por ti, depõe do peito a dura sobrecarga!

Por ti, o pecador, firme em sua esperança,
sem temor, chega ao lar da bem-aventurança!

Ó morada de paz! sempre viva cisterna
    da torrente que jorra até a vida eterna!

Esta ferida, ó Mãe, só se abriu em teu peito:
    quem a sofre és tu só, só tu lhe tens direito.

Que nesse peito aberto eu me possa meter,
    possa no coração de meu Senhor viver!

Por aí entrarei ao amor descoberto,
    terei aí descanso, aí meu pouso certo!

No sangue que jorrou lavarei meus delitos,
    e manchas delirei em seus caudais benditos!

Se neste teto e lar decorrer minha sorte,
    me será doce a vida, e será doce a morte!

44 BEM-AVENTURADOS

São agora 44 os missionários jesuítas beatificados. Para alegria do Brasil e da Companhia de Jesus.

• Padre Inácio de Azevedo, no cargo de Visitador da Companhia de Jesus, conhecera o Brasil, em 1566. Percorreu nossa pátria, afeiçoou-se aos missionários, visitando as diversas casas da Ordem, incumbência que lhe confiara o Reverendo Padre Geral de Roma, Francisco de Borja.

• Segundo o cronista Baltasar Teles, Padre Azevedo ficou impressionadíssimo com o espírito de abnegação e zelo apostólico de todos os padres e irmãos jesuítas, que chegavam das aldeias... "descalços, cheios de lama, magoados ou feridos dos matos e charnecas, por onde atravessavam..."

• Inácio de Azevedo ocupou o cargo de Visitador da Companhia de Jesus, no Brasil, por dois anos. Depois, regressou a Portugal.

• Em 1570, encontramo-lo feliz e realizado em pleno mar, a bordo do navio "Santiago". Com ele, um numeroso grupo de jesuítas. Todos rumavam para o Brasil, onde seriam missionários.

A Providência divina tem os seus caminhos... A viagem dos missionários foi interrompida bruscamente, dia 15 de julho, nos mares que circundam a ilha de Palma, perto de Tenerife.

Inácio de Azevedo, com 39 de seus companheiros, foi cruelmente trucidado pelo corsário calvinista Jáquez Sória, espanhol a serviço da França. Inácio tomba segurando nas mãos um painel de Nossa Senhora (Santa Maria Maior)... O Irmão Stefano Zuraire, do tombadilho do navio, entoa o "Te Deum", hino de ação de graças e louvor a Deus"...

Era o dia 15 de julho de 1570... Quarenta jesuítas morrem mártires, em plena viagem rumo ao Brasil... Anos depois, a Igreja proclamou-os Bem-Aventurados. *Os 40 Mártires do Brasil.*

• Na região missioneira de Caaró (no território dos atuais municípios de São Luís Gonzaga, Caibaté, Santo Ângelo), foram martirizados, em 1628, os padres jesuítas Roque González de Santa Cruz, Afonso Rodriguez e João del Castilho.

Pe. Roque González, o superior das reduções jesuíticas entre os índios Guaicurus e Guaranis, foi morto a golpes de tacape de pedra (itaiçá), dia 15 de novembro de 1628, junto ao campanário da capela onde celebraria, na recém-fundada Redução de "Todos os Santos de Caaró".

Roque González, Afonso Rodriguez e João del Castilho... *Os 3 Mártires Riograndenses. Beatos. Bem-aventurados.*

• E no dia 22 de junho de 1980 aconteceu a beatificação de José de Anchieta, celebrada pelo Papa João Paulo II.

• A Companhia de Jesus do Brasil se alegra e agradece a Deus pelos 44 missionários jesuítas beatificados pela Igreja.

Que todos eles nos abençoem, da glória eterna. Que seu exemplo não seja apenas um fato histórico do passado, mas luz e vida, estímulo de fé e orientação em nossa caminhada pelo tempo.

"Quem sabe onde quer chegar
escolhe o caminho certo
e o jeito de caminhar".

DISTRIBUIDORES DE EDIÇÕES LOYOLA

Acre
M. M. PAIM REPRESENTAÇÃO E COMÉRCIO
Rua Rio Branco do Sul, 331
69908-340 **Rio Branco**, AC - ✆ (068) 224-3432

Amazonas
PAULINAS
Rua 24 de Maio, 233 – Centro
69010-080 **Manaus**, AM
✆ (092) 233-5130 /Fax: (092) 633-4017

Bahia
DISTR. BAIANA DE LIVROS COM. E REPR. LTDA
Rua Clóvis Spínola, 40 - Orixás Center - loja II
Pav. A - 40080-240 **Salvador**, BA
✆ /Fax: (071) 329-1089

LIVRARIA E DISTRIBUIDORA MALDONADO LTDA.
Rua Direita da Piedade, 203
Bairro Piedade - 40070-190 **Salvador**, BA
✆ (071) 321-4024

EDITORA VOZES LTDA
Rua Carlos Gomes, 698A - Conj. Bela Center - loja 2
40060-330 **Salvador**, BA
✆ (071) 322-8666/ Fax: (071) 322-8666

PAULINAS
Av. 7 de Setembro, 680 - São Pedro
40110-001 **Salvador**, BA
✆ (071) 243-2477/ 243-2805/ Fax: (071) 321-5133

Brasília
EDITORA VOZES LTDA.
CRL/Norte - Q. 704 - Bloco A n. 15
70730-731 **Brasília**, DF
✆ (061) 223-2436/ Fax: (061) 223-2282

LETRAS E LÁPIS
SCS Quadra 01 Bloco D loja 11 Ed. JK
70350-731 **Brasília**, DF
✆ : (061)223-2684 — Fax: (061) 323-5414

PAULINAS
Bl. C - Lojas 18/22 - SCS - Q. 05
70300-909 **Brasília**, DF
✆ (061) 225-9595/ 9664/ 9219 / Fax: (061) 225-9219

PAULINAS
Rua CNB, 13 - Lote 5 - Loja 1
72115-135 **Taguatinga**, DF - ✆ (061) 352-2625

Ceará
EDITORA VOZES LTDA.
Rua Major Facundo, 730 - 60025-100 **Fortaleza**, CE
✆ (085) 231-9321/ Fax: (085) 221-4238

PAULINAS
Rua Major Facundo, 332 - 60025-100 **Fortaleza**, CE
✆ (085) 226-7544/ 226-7398/ Fax: (085) 226-9930

Espírito Santo
"A EDIÇÃO" LIVRARIA E DISTRIBUIDORA
Av. Vitória, 787 - Forte São João
29010-580 **Vitória**, ES - ✆ (027) 223-5690/222-8628

PAULINAS
Rua Barão de Itapemirim, 216 - 29010-060 **Vitória**, ES
✆ (027) 223-1318/ Fax: (027) 222-3532

Goiás
EDITORA VOZES LTDA.
Rua 3 n. 291 - 74023-010 **Goiânia**, GO
✆ / Fax: (062) 225-3077

LETRAS E LÁPIS
Rua 03 n. 288 — Centro
✆ / Fax: (062) 224-0905 - 70306-900 **Goiânia**, GO

LIVRARIA EDIT. CULTURA GOIÂNA LTDA
Av. Araguaia, 300 - 74030-100 **Goiânia**, GO
✆ (062) 229-0555/ Fax: (062) 223-1652

Maranhão
PAULINAS
Rua de Santana, 499 - Centro - 65015-440 **São Luís**, MA
✆ (098) 221-5026/ Fax: (098) 232-2692

Mato Grosso
MARCHI LIVRARIA E DISTRIBUIDORA LTDA.
Av. Getúlio Vargas, 381 - Centro
78005-600 **Cuiabá**, MT
✆ (065) 322-6809 e 322-6967/ Fax: (065) 322-3350

Minas Gerais
EDITORA VOZES LTDA.
Rua Mármore, 326 - 31010-220 **Belo Horizonte**, MG
✆ (031) 461-1157

EDITORA VOZES LTDA.
Rua Espírito Santo, 963 - 36010-041 **Juiz de Fora**, MG
✆ / Fax: (032) 215-8061

ACAIACA DISTR. DE LIVROS LTDA.
Rua Itajubá, 2125 - 31035-540 **Belo Horizonte**, MG
✆ (031) 481-1910

ACAIACA DISTR. DE LIVROS LTDA.
Rua 129, nº 384 - Sta. Maria - 35180-000 **Timóteo**, MG
✆ / Fax: (031) 848-3225

ACAIACA DISTR. DE LIVROS LTDA.
Rua João Lustosa, 15/201 - Lourdes
36070-720 — **Juiz de Fora**, MG - ✆ / Fax: (032) 235-2780

PAULINAS
Av. Afonso Pena, 2.142 - 30130-007 **Belo Horizonte**, MG
✆ (031) 261-6623/ 261-7236 / Fax: (031) 261-3384

PAULINAS
Rua Curitiba, 870 - 30170-120 **Belo Horizonte**, MG
✆ (031) 224-2832/ Fax (031) 261-3384

PAULINAS
Rua Januária, 552 - 31110-060 **Belo Horizonte**, MG
✆ (031) 444-4400/ Fax: (031) 444-7894

Pará
PAULINAS
Rua Santo Antonio, 278 - Bairro do Comércio
66010-090 **Belém**, PA
✆ (091) 241-3607/ 241-4845/ Fax: (091) 224-3482

Paraná
EDITORA VOZES LTDA
Rua Dr. Faivre, 1271 - Centro - 80060-140 **Curitiba**, PR
✆ (041) 264-9112/ Fax: (041) 264-9695

EDITORA VOZES
Rua Voluntários da Pátria, 41 - centro
80020-000 **Curitiba**, PR - ✆ (041) 233-1570

EDITORA VOZES LTDA.
Rua Piauí, 72 - Loja 1 - 86010-390 **Londrina**, PR
✆ / Fax: (043) 337-3129

A LORENZET DISTRIB. E COM. DE LIVROS LTDA.
Av. São José, 587 loja 03 - 80050-350 **Curitiba**, PR
✆ (041) 262-8992

EXPRESSÃO CULTURAL LIVR. E PAPELARIA
Rua Alfredo Bufreu, 139 loja 05 - Centro
80020-000 **Curitiba**, PR - ✆ / Fax: (041) 224-2994

PAULINAS
Rua Voluntários da Pátria, 225 - 80020-000 **Curitiba,** PR
✆ (041) 224-8550/ Fax: (041) 226-1450

PAULINAS
Av. Getúlio Vargas, 276 - 87013-130 **Maringá,** PR
✆ (044) 226-3536/ Fax: (044) 226-4250

Pernambuco, Paraíba, Alagoas, R. G. do Norte e Sergipe
EDITORA VOZES LTDA.
Rua do Príncipe, 482 - Boa Vista - 50050-410 **Recife,** PE
✆ (081) 221-4100/ Fax: (081) 221-4180

PAULINAS
Rua Joaquim Távora Alegria, 71 - 57020-320 **Maceió,** AL
✆ (082) 326-2575/ Fax: (082) 326-6561

PAULINAS
Av. Norte, 3.892 - 52110-210 **Recife,** PE
✆ (081)441-6144/ FAX (081) 441-5340

PAULINAS
Rua Frei Caneca, 59 - Loja 1 - 50010-120 **Recife,** PE
✆ (081) 224-5812/ 224-5609/ Fax: (081) 224-9028

PAULINAS
Rua Felipe Camarão, 649 - 59025-200 **Natal,** RN
✆ (084) 212-2184/ Fax: (084) 212-1846

R. G. do Sul
EDITORA VOZES LTDA.
Rua Riachuelo, 1280 - 90010-273 **Porto Alegre,** RS
✆ (051) 226-3911/ Fax: (051) 226-3710

EDITORA VOZES LTDA.
Rua Joaquim Nabuco, 543
93310-002 **Novo Hamburgo,** RS - ✆ / Fax: (051) 593-8143

ECO LIVRARIA E DIST. DE LIVROS
Rua Cel. Ilário Pereira Fortes, 138/202 – Camaquã
91920-220 **Porto Alegre,** RS
✆ (051) 485-2417/ 241-2287

PAULINAS
Rua dos Andradas, 1.212 - 90020-008 **Porto Alegre,** RS
✆ (051) 221-0422/ Fax: (051) 224-4354

Rio de Janeiro
ZÉLIO BICALHO PORTUGAL CIA. LTDA
Av. Presidente Vargas, 502 - 17º andar
20071-000 **Rio de Janeiro,** RJ
✆ / Fax: (021) 233-4295/ 263-4280

EDITORA VOZES LTDA
Rua Senador Dantas, 118-I
20031-201 **Rio de Janeiro,** RJ - ✆ / Fax: (021) 220-6445

EDITORA VOZES LTDA
Rua Frei Luís, 100
Cx. Postal 90023 - 25685-020 **Petrópolis,** RJ
✆ (0242) 37-5112/ Fax: (0242) 31-4676

PAULINAS
Rua 7 de Setembro, 81-A - 20050-005 **Rio de Janeiro,** RJ
✆ (021) 224-3486/ Fax: (021) 224-1889

PAULINAS
Rua Doutor Borman, 33 - Rink - 24020-320 **Niterói,** RJ
✆ (021) 717-7231/ Fax: (021) 717-7353

Rondônia
PAULINAS
Rua Dom Pedro II, 864 - 78900-010 **Porto Velho,** RO
✆ (069) 223-2363/ Fax: (069) 224-1361

São Paulo
DISTRIBUIDORA LOYOLA DE LIVROS LTDA
Rua Senador Feijó, 120 - 01006-000 **São Paulo,** SP
✆ / Fax: (011) 232-0449/ 287-0688

DISTRIBUIDORA LOYOLA DE LIVROS LTDA.
Rua Barão de Itapetininga, 246
01042-000 **São Paulo,** SP - ✆ (011) 256-8073

DISTRIBUIDORA LOYOLA DE LIVROS LTDA.
Rua Quintino Bocaiúva, 234 - centro
01004-010 **São Paulo,** SP - ✆ (011) 232-1871

EDITORA VOZES LTDA.
Rua Senador Feijó, 168 - 01006-000 **São Paulo,** SP
✆ (011) 605-7144/ Fax: (011) 607-7948

EDITORA VOZES LTDA
Rua Haddock Lobo, 360 - 01414-000 **São Paulo,** SP
✆ (011) 256-0611/ 256-2831/ Fax: (011) 258-2841

EDITORA VOZES LTDA.
Av. Rodriguez Alves, 10-37 - 17015-002 **Bauru,** SP
✆ / Fax: (0142) 34-2044

EDITORA VOZES LTDA.
Rua Barão de Jaguara, 1164/1166
13015-002 **Campinas,** SP
✆ (0192) 31-1323/ Fax: (0192) 34-9316

PAULINAS
Rua Domingos de Morais, 660 - 04010-100 **São Paulo,** S
✆ (011) 549-9777 - R. 213/ 214/ Fax: (011) 549-9772

PAULINAS
Rua 15 de Novembro, 71 - 01013-001 **São Paulo,** SP
✆ (011) 606-4418/ 606-0602/ 606-3535/ Fax: (011) 606-353

PAULINAS
Via Raposo Tavares, km 19,5 - 05577-200 **São Paulo,** S
✆ (011) 810-1444/ Fax: (011) 810-0972

PAULINAS
Av. Marechal Tito, 981 - São Miguel Paulista
08020-090 **São Paulo,** SP - ✆ (011) 956-0162

Sergipe
LIVRARIA KYRIE
Av. Augusto Maynard, 543 49015-380 **Aracaju,** SE
✆ (079) 224-6279/ Fax: (079) 224-5837

Portugal
MULTINOVA UNIÃO LIV. CULTURAL
Av. Santa Joana Princesa, 12 E – 1700 **Lisboa,** Portuga
Fax: 848-3436/ 88-3365

LIVRARIA LER LTDA
Rua 4 de infantaria, 18-18A – 1350 **Lisboa,** Portugal
Tel.: 388-8371/ 60-6996/ Fax: 395-3471

Se o(a) senhor(a) não encontrar este ou qualquer um de nossos títulos em sua livraria preferida ou em nosso distribuidor, faça o pedido por reembolso postal diretamente a:

Edições Loyola
Rua 1822 nº 347 – Ipiranga – 04216-000 São Paulo, SP
C.P. 42.335 - 04299-970 São Paulo, SP / ✆ (011) 6914-1922/ Fax: (011) 63-42
Home page: www.ecof.org.br/loyola
e-mail: loyola@ibm.net

Edições Loyola

RUA 1822, 347
IPIRANGA
SÃO PAULO SP
IMPRESSÃO